A Grande Promessa do Sacratíssimo Coração de Jesus

FREI SALVADOR DO CORAÇÃO DE JESUS

Edições Loyola

Capa: Ronaldo Hideo Inoue
  Ilustração do *Sagrado Coração de Jesus*,
  autoria desconhecida.
Ilustrações do miolo: pp. 6 e 20, imagens de arquivo
  (autorias desconhecidas); p. 40, © Stephanus
  (© Adobe Stock).
Revisão: Ivone Andrade

Edições Loyola Jesuítas
Rua 1822 nº 341 – Ipiranga
04216-000 São Paulo, SP
T 55 11 3385 8500/8501, 2063 4275
editorial@loyola.com.br
vendas@loyola.com.br
www.loyola.com.br

Todos os direitos reservados. Nenhuma parte desta obra pode ser reproduzida ou transmitida por qualquer forma e/ou quaisquer meios (eletrônico ou mecânico, incluindo fotocópia e gravação) ou arquivada em qualquer sistema ou banco de dados sem permissão escrita da Editora.

ISBN 978-85-15-00197-2

98ª edição ampliada: 2025

© EDIÇÕES LOYOLA, São Paulo, Brasil, 1987

107934

Sumário

Prefácio 5
1. A grande promessa.. 7
2. A chave do céu.. 12
3. Reflexões a fazer na noite antes
   da primeira sexta-feira de cada mês................................ 12
4. Antes da comunhão... 14
5. Intenção e protesto.. 15
6. Depois da santa comunhão... 18
7. Protestos de amor.. 20
8. Alma de Cristo... 20
9. Para dizer diante da imagem do crucificado 21
10. Invocações ao Sagrado Coração
    para implorar qualquer graça 21
11. Consagração do gênero humano ao
    Sagrado Coração de Jesus.. 23
12. A alma devota diante do Coração de Jesus..................... 23
13. Tríduo ao Sacratíssimo Coração de Jesus 25
14. Ladainha do Coração de Jesus... 27
15. Nobre protesto 29
16. Com Jesus e Maria.. 29
17. Eis o coração que tanto amou os homens 30
18. As doze promessas do Sagrado Coração de Jesus.......... 31
19. O Coração de Jesus não está contente ainda 32
20. Meio infalível para obter qualquer graça
    do Coração de Jesus 34
21. Novena eficaz ao Sagrado Coração de Jesus.................. 35
22. Entronização... 36

Prefácio

É bom saber que eu, como o filho pródigo, tinha abandonado o redil do Bom Pastor. Ingrato! Eu tinha à minha disposição as pastagens mais belas e perfumadas... tinha os cuidados mais assíduos... as mais doces, as mais ternas carícias. Ingrato! E eu abandonei, fugi para bem longe daquele que me seguia chamando-me com os nomes mais carinhosos que só o amor é capaz de pronunciar... Oh! Quão ingrato eu fui! Às finezas do amor de Deus respondi com a repulsa, maltratando-o. Oh! Que ingrato!

Eu vivi durante muitos anos sem sequer pensar no Bom Pastor... Oh! Triste ingratidão!

Um dia, de repente, uma lembrança me assalta... e, sem querer, vem-me ao pensamento a idade feliz da minha infância... Relembro-me de que, por nove meses consecutivos, prostrei-me aos pés de Jesus para recebê-lo na Santa Comunhão. "A Grande Promessa" do SS. Coração de Jesus triunfara; Jesus, no excesso de misericórdia de seu amor, tinha se lembrado desta ovelhinha desgarrada.

Hoje, finalmente, cumpro a promessa, executo o voto que então fiz de publicar essa graça extraordinária, a fim de persuadir a todos de que é impossível que se condene aquele que faz as nove primeiras sextas-feiras em honra do Sagrado Coração de Jesus, pois será sempre fiel à sua *Grande Promessa*.

Lê estas poucas páginas e ficarás persuadido.

Salvador do Coração de Jesus
Frade Terceiro dos Menores Capuchinhos

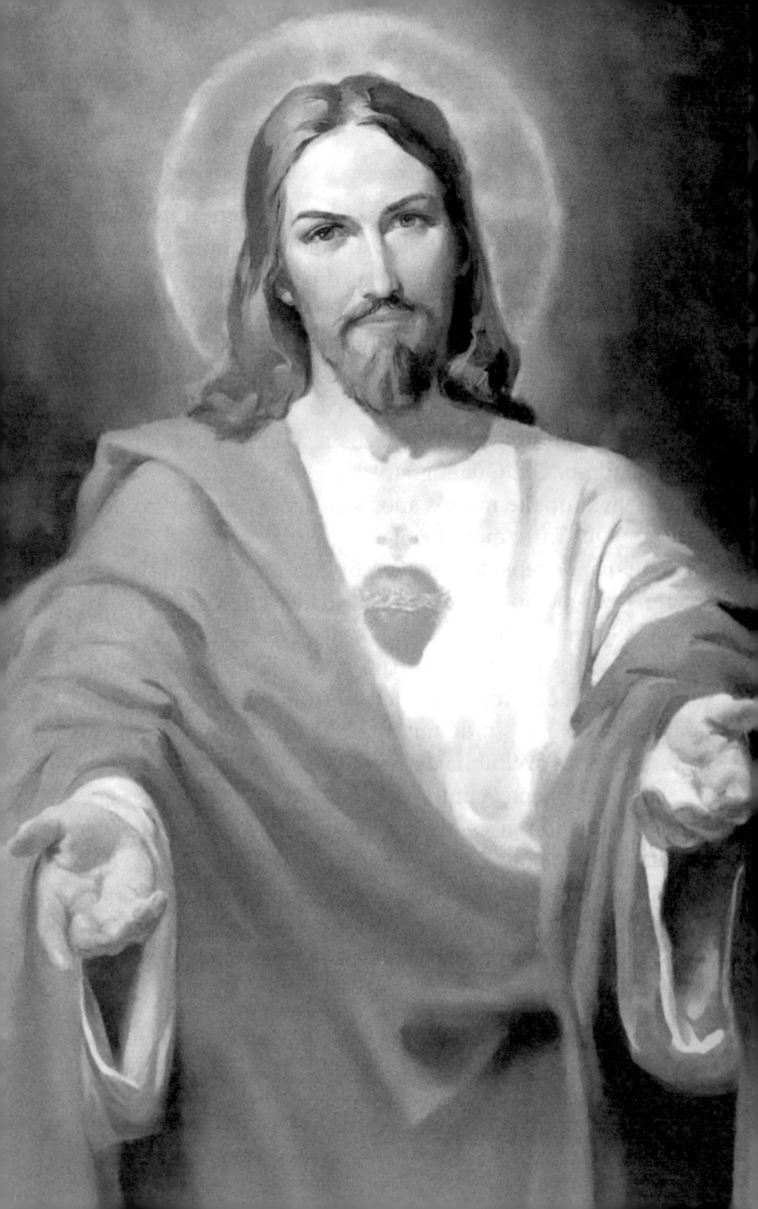

1. A GRANDE PROMESSA

TODOS NO CÉU

"Todos no céu" — exclamava São Francisco de Assis convidando os fiéis a entrar na igreja de Santa Maria dos Anjos, quando obteve do Sumo Pontífice a indulgência chamada Porciúncula.

"Todos no céu" — podem também exclamar alegres, e com muita razão, os devotos do Santíssimo Coração de Jesus, porque o mesmo Coração de Jesus deseja que todos estejam juntos do Pai*.

Que alegria, que felicidade ter certeza moral da própria salvação! Temos tudo — cabe a nós aceitar a salvação vivendo em sintonia com a vontade de Deus. Que podemos desejar mais? Nada, absolutamente nada, porque este pensamento: *estou salvo*, enche a alma e o coração de tamanha satisfação, que não pode desejar nem mesmo imaginar coisa melhor. Vamos às perguntas.

1ª PERGUNTA — *Quando e a quem fez o Sagrado Coração esta Grande Promessa?*

RESPOSTA — Na realidade, o Sagrado Coração de Jesus fez doze consoladoras promessas a favor dos seus devotos;

---

*Após uma visão mística tida por São Francisco dentro da igrejinha conhecida como "porciúncula", o santo pediu ao papa que concedesse o privilégio de uma indulgência para todos aqueles que visitassem a igreja. Concedida em 2 de outubro de 1216 pelo Papa Honório III, essa indulgência ficou também conhecida como "perdão de Assis". Ao se referir a essa prática, em 2 de outubro de 2020, o papa Francisco assim a resumiu: "Trata-se de uma indulgência plenária que pode ser recebida aproximando-se dos sacramentos da Confissão e da Eucaristia, visitando uma igreja paroquial ou franciscana, recitando o Credo, o pai-nosso e rezando pelo papa e pelas suas intenções. A indulgência também pode ser concedida a uma pessoa falecida".

nós, porém, queremos somente falar da Grande Promessa, porque esta é como um resumo de todas as outras. Para manifestar o seu amor, o Coração de Jesus escolheu uma jovem, uma virgem, Margarida Maria Alacoque, desconhecida do mundo, mas muito querida por Deus.

Essa jovem tinha feito a profissão religiosa no mosteiro da Ordem da Visitação de Paray-le-Monial, na França. Três vezes quis Jesus consolar a sua amada com sua presença. A primeira vez foi no dia 27 de dezembro de 1673; a segunda, na oitava de Corpus Christi. Numa dessas aparições, parece que na segunda, enquanto a jovem estava em dulcíssimo êxtase, recolhida e imóvel, com os braços cruzados no peito, com a face irradiada pela chama interior, uma luz celeste, vista somente por ela, iluminava o altar e, através das grades, ela viu o Coração... *Estava este coração completamente cercado de chamas e rodeado por uma coroa de espinhos, transpassado por uma profunda ferida, todo ensanguentado e encimado por uma cruz. Margarida — disse Jesus, dirigindo-se à jovem —, eu te prometo, na excessiva misericórdia do meu coração, dar penitência final a todos os que comungarem na primeira sexta-feira em nove meses consecutivos. Eles não morrerão no meu desagrado, nem sem receber os Sacramentos, tornando-se meu Coração refúgio para eles naquelas aflições extremas.*

Se essa grande e solene promessa não tivesse saído dos próprios lábios do Homem-Deus, seria possível, talvez, duvidar de sua autenticidade, por ser demasiadamente extraordinária, por parecer impossível que com tão pouca coisa, com nove comunhões somente, o cristão possa adquirir o direito de entrar na glória do céu. Daí, a seguinte pergunta:

2ª PERGUNTA — Será mesmo certo que o Coração de Jesus tenha feito essa Grande Promessa?

RESPOSTA — Não há nenhuma dúvida; a promessa, é certo, foi feita com mais onze e examinada pela Igreja com a severidade com que ela costuma proceder em coisas tão delicadas e importantes. O próprio Sumo Pontífice Bento XV lembra isso textualmente na Bula da canonização de Santa Margarida, dizendo que essas foram exatamente as palavras que o bom Jesus dirigiu à sua fiel serva. Depois de a Igreja ter-se pronunciado sobre este assunto, não pode haver mais nenhuma dúvida para o bom cristão.

3ª PERGUNTA — *O que se deve fazer para alcançar essa graça extraordinária?*

RESPOSTA — Nada mais do que disse Jesus, isto é, aproximar-se, com as devidas disposições, da Santa Mesa Eucarística, nas primeiras sextas-feiras de cada mês, por nove meses consecutivos, e viver os valores do Evangelho no dia a dia.

4ª PERGUNTA — *E teremos também a certeza de receber os Sacramentos antes de morrer?*

RESPOSTA — Sem dúvida, se os Sacramentos forem necessários para conseguir a Salvação. Nesse sentido é que se deve entender a promessa do Sagrado Coração de Jesus. Como, porém, podemos nos salvar sem Sacramentos, assim Jesus não quis dizer que quem tiver feito a devoção das nove sextas-feiras receberá os Sacramentos absolutamente, mas haverá de os receber se *forem necessários*. O certo é: *que o devoto do Sagrado Coração não morrerá no desagrado de Deus.*

5ª PERGUNTA — *Se depois de ter feito as nove sextas-feiras com as devidas disposições o cristão perder sua devoção, o que pensar dessa pobre alma?*

RESPOSTA — Deve-se pensar que o Coração de Jesus terá tido compaixão dessa pobre alma, a qual, em seus últimos momentos de vida, terá achado o seu refúgio seguro nesse

Coração. De fato, *Jesus prometeu, sem exceção alguma, a graça da penitência final a todos os que tenham comungado na primeira sexta-feira em nove meses seguidos*; daí se crer que, *no excesso de misericórdia do seu Coração*, terá iluminado e tocado essa alma nas suas últimas aflições com a sua graça, de modo que possa fazer um ato de contrição perfeito. Assim e não de outro modo é que se deve pensar, porque Jesus é fiel em suas promessas. Direi ainda mais: se para salvar essa alma fosse necessário um milagre, não há dúvida alguma de que *Jesus o faria, faria esse excesso de misericórdia com a onipotência de seu coração.*

Ademais, a experiência tem provado que quem teve a perseverança de fazer, em honra do Sagrado Coração de Jesus, nove comunhões em nove meses consecutivos, sem nunca interrompê-las, dificilmente abandonará esta pia devoção. Na maioria das vezes, até sucede que esses devotos acabam por não só comungar nas primeiras sextas-feiras de cada mês, como também em todas as sextas-feiras do ano, não sendo raro o caso em que acabam por comungar todos os dias. E não é de admirar, porque Jesus veio à terra para trazer o fogo do divino amor, e deseja somente que esse fogo se acenda e arda em todos os corações.

6ª PERGUNTA — *Se alguém interromper as nove sextas-feiras por motivo justo, deverá começar de novo?*

RESPOSTA — Sim, porque a condição posta pelo Sagrado Coração é expressa de modo claro e preciso; é indispensável, portanto, comungar nas nove primeiras sextas-feiras de nove meses consecutivos.

7ª PERGUNTA — *Quem faz as nove comunhões com a intenção de garantir o céu, pensando, entretanto, consigo mesmo, continuar a pecar, pode ter confiança nessa grande promessa do Sagrado Coração de Jesus?*

RESPOSTA — Certamente que não, e até cometeria muitos sacrilégios, porque quem se aproxima dos Santos Sacramentos deve ter firme intenção e vontade decidida de abandonar o pecado. Não é a mesma coisa ter medo de tornar a ofender a Deus por causa da nossa fraqueza e a calamidade da intenção de continuar a cometer pecados. No primeiro caso, a misericórdia de Deus nos abre seus braços e nos concede o perdão; no segundo, porém, ela se irrita e fica, por assim dizer, impelida a nos corrigir.

8ª PERGUNTA — *Se depois de ter feito bem e com as devidas disposições as nove primeiras sextas-feiras alguém se tornar, com o andar do tempo, mau e perverso, pode salvar-se ainda?*

RESPOSTA — Isso já foi respondido na 5ª pergunta, mas o repetiremos: *Jesus é fiel em suas promessas e não permitirá que aquele que tiver feito as nove sextas-feiras, com a preparação devida, venha a perder a alma.*

9ª PERGUNTA — *Poderia indicar-nos quais são as devidas disposições para fazer bem as nove primeiras sextas-feiras a fim de merecer a graça da Grande Promessa?*

RESPOSTA — Para merecer a graça da Grande Promessa é necessário: 1º) receber nove vezes a Santa Comunhão; 2º) na primeira sexta-feira de cada mês; 3º) e isso por nove meses consecutivos; 4º) aproximar-se da Sagrada Mesa, não só em estado de graça e sem más intenções, mas também com a intenção de honrar de modo especial o Sagrado Coração de Jesus, que pediu estas comunhões em reparação da ingratidão e do abandono de que é vítima por parte de tantas almas; 5º) renovar em cada comunhão a intenção de cumprir a devoção das nove sextas-feiras, a fim de obter o fruto da Grande Promessa, isto é, da penitência final.

2. A CHAVE DO CÉU

Alma cristã, queres de hoje em diante viver segura, garantindo a tua salvação eterna? Queres adquirir o direito à glória eterna do céu? Pois bem, tu já viste que o Sagrado Coração de Jesus, no excesso da misericórdia do seu amor, pôs em tuas mãos a chave de ouro que te abrirá as portas do céu no final de tua vida. Esta chave de ouro está à tua disposição, basta que a queiras, basta que faças as nove sextas-feiras em honra do Sacratíssimo Coração de Jesus. Podia bem o bom Jesus conceder, melhor do que desse modo, a salvação de tua alma? Grata e reconhecida, prostra-te a teus pés, agradece-lhe de todo o coração por ter posto a teu dispor um meio tão fácil de salvação e promete-lhe que hás de começar já esta devoção. Feliz de ti se perseverares: o Paraíso será teu prêmio porque, bem o sabes, Jesus é fiel em suas promessas.

3. REFLEXÕES A FAZER NA NOITE ANTES DA PRIMEIRA SEXTA-FEIRA DE CADA MÊS

Alma minha, reentra em ti mesma e considera por um instante quanto te ama o Coração de Jesus…

Apesar de tuas repetidas recaídas… apesar das tuas infidelidades, o seu Coração não deixa nem um só instante de te amar. Ainda mesmo quando te afastavas para longe dele, ainda mesmo quando tapavas os ouvidos para não ouvir a sua voz amorosa que te repetia docemente *"Filha minha, volta arrependida ao meu Coração…"*, e tu, ingrata, não o querias ouvir. O Coração de Jesus te amava da mesma forma! E quando, finalmente cega pelas paixões, enganada pelo prazer ilusório, seduzida pelo demônio, ousando expulsar o divino amor da morada de tua alma e, com o fato se não com palavras, consentindo no pecado, tu lhe disseste: "vai-te, importuno!". Lembras-te disso? Então, em vez de dar lugar ao Coração de Jesus, acolheste Satanás... Mas oh! Coração de um Deus! Jesus partiu, mas não fugiu para longe, como tu merecias que fugisse. Ele parou assentando-se à porta de tua alma, esperando com paciência que tu, impedida pelos desenganos e remorsos, o tornasses a chamar. Eis como te amou e te ama o Coração de Jesus.

Alma cristã, não será essa a história de tua vida? Diante desse excesso de amor do Coração de Jesus, não pensas em nada? Prostra-te arrependida a seus pés, repetindo ao seu Coração a palavra de São Paulo: *"Senhor, que quereis de mim? Falai, Senhor, que o vosso servo vos escuta... Está já preparado o meu coração, está... Senhor, mostrai-me o que sou e fazei que me conheça a mim mesmo".*

Coração Sacratíssimo de Jesus, Vós me tendes sempre amado tanto; eu, também, de minha parte, vos quero amar, e até já não quero amar coisa alguma, senão a Vós. Dai-me, pois, a graça de que eu seja o que sou e que deveria ser. Coração de meu Jesus, fazei que eu veja a minha alma, que veja como ela realmente é. Veja os meus pecados e os aborreça; veja as minhas fraquezas e não as desculpe. *Coração de Jesus, fazei que eu veja e conheça as vossas misericórdias sempre maiores que as minhas misérias.* Coração de Jesus, Vós vedes que eu agora estou resolvido firmemente a abandonar o pecado; ajudai-me, pois, com a vossa santa graça a fazer uma boa e sincera confissão, a fim de que vos possa receber em meu pobre coração no banquete eucarístico amanhã, e isso de modo mais digno possível, para poder merecer o favor da Vossa Grande Promessa.

(Depois de terdes examinado com cuidado a vossa consciência, recitareis o ato de contrição e vos confessareis com humildade, ouvindo com atenção os conselhos do confessor. Se não houver tempo de fazer a confissão e estas reflexões na véspera, será possível fazê-las também na manhã da primeira sexta-feira.)

4. ANTES DA COMUNHÃO

Ó Jesus, tão somente o vosso Coração, que é o Coração de Deus, tão somente o vosso Amor, que é o Amor dos amores, podia falar assim às vossas criaturas: *"No excesso da misericórdia do meu amor onipotente concederei a todos os que comungarem em nove primeiras sextas-feiras de nove meses consecutivos a graça da penitência final, não morrendo eles no meu desagrado, tampouco sem receberem os sacramentos; e o meu Coração será para eles asilo seguro em suas aflições extremas"*. E como é que eu poderia crer em tamanha graça, em uma promessa tão solene se Vós mesmo, ó meu Jesus, não o tivésseis revelado, no excesso da misericórdia do vosso amor onipotente, à vossa serva Margarida?

Ó Coração do meu Jesus, eu fico confundido por tanta humilhação da vossa parte, por tanto amor entranhado consagrado às almas. Como a parábola dos convidados à ceia, na qual tomaram parte os mendigos, os cegos, os coxos, os desvalidos e em suma todos, sem distinção alguma, assim também em Vós não excluís a ninguém da vossa Grande Promessa. A este favor bem podereis atender, tratando-se de almas fervorosas, mas com outras almas frias e pecadoras, como é que podereis sustentar a Vossa Promessa? O vosso Coração me responde dizendo: *"Os pecadores acharão no meu Coração a fonte perene, o oceano infinito da misericórdia… os frios se tornarão fervorosos… os fervorosos hão de chegar a uma grande perfeição…".*

Ó excesso da misericórdia do vosso amor onipotente, eu chego agora a compreender, pois leio no vosso Coração. Não sei exprimir-me por palavras, mas eu sinto que vos tenho compreendido, pois vejo, leio no vosso Coração adorável estas palavras: Para salvar uma alma que tenha feito as nove primeiras sextas-feiras em honra do vosso Sagrado Coração, Vós, ó Jesus, não hesitaríeis, se necessário fosse, operar até um milagre.

Ó Jesus, ó Jesus de minha alma, quem não vos amará depois de saber até que ponto chegou o vosso amor pelas almas? De minha parte, ó Coração Sacratíssimo de Jesus, eu não procuro outro coração senão o vosso e não quero amar senão a Vós, tão somente.

5. INTENÇÃO E PROTESTO

Já se aproxima o feliz instante, ó Jesus, em que haveis de visitar a minha alma e unir-vos ao meu coração. Parece-me que a mim também dirigis o amoroso convite com que chamastes vossa Margarida para que se alimentasse do maná celeste: "Tenho sede ardente de ser amado pelos homens no Santíssimo Sacramento… Minha filha, teu desejo penetrou de tal forma no meu coração, que, se eu não tivesse instituído este Sacramento de amor, eu o instituiria agora por amor a ti, para ter o prazer de morar em tua alma e descansar amorosamente no teu coração".

Ó Coração de meu Jesus, quanto sois bondoso para comigo, pobre pecador, e quanto me amais! Permiti, pois, que eu vos manifeste o meu amor e a minha gratidão com as palavras de Santa Margarida: "Ó bondade inconcebível, poderia eu crer nesta maravilha se não me assegurásseis Vós mesmo? Ó Deus de majestade e Deus de amor, por que é que não sou toda inteligência para conhecer esta misericórdia, toda coração para bem senti-la e toda língua para manifestá-la? Vinde, pois, vida do meu coração, alma de minha vida, único sustento de minha alma, pão dos Anjos feito carne por meu amor, vendido para meu resgate, dado para meu sustento, sustentar-me fortemente e fazer-me crescer, dia a dia, cada vez mais na vossa santa graça…

Vinde fazer-me de Vós e em Vós e isto eficazmente, ó única vida minha, ó único bem da minha alma!

Entretanto, se reflito, se penso na minha indignidade, que ousadia é essa? Coração do meu Jesus, se nem sou digna de entrar no vosso Templo, como é que vos poderei receber em meu coração? Ah! Por que, mas por que não tenho ao menos toda a pureza dos Anjos, todos os ardores e transportes dos Serafins para vos oferecer uma morada digna de Vós? Se, porém, não me são concedidos esses favores, ó Coração adorável do meu Jesus, permiti ao menos que vos apresente o desejo vivíssimo, sincero e ardente, que me arde no coração, de parecer-me com os espíritos celestes.

Eu pequei, é verdade, e ofendi-vos tão repetidas vezes. Contudo, sinto que vos amo… Se a minha indignidade me faz tremer, vossa bondade me dá força, pois Vós, ó Jesus, já não vos lembrais de minhas culpas e olhais tão somente para a minha necessidade. Se a minha miséria é grande, a vossa misericórdia é infinita. Coração Sacratíssimo do meu Jesus, Salvador de minha alma, vinde pois, sem mais tardar, porque meu coração deseja suspirar na expectativa do prazer e da felicidade que o aguardam. Como a corsa que sedenta procura frescas correntes, assim também meu pobre coração suspira por Vós, ó fonte de verdadeira vida!

Vinde, pois, ó Jesus querido, vinde e com a vossa presença real me trareis a plenitude de todas as vossas graças.

Ó Jesus, o vosso Coração é puro e santo; puro e santo fazei, portanto, o meu. O vosso Coração é manso e humilde; humilde e paciente para com todos.

O vosso Coração odeia o pecado, por isso havereis de inspirar-me um forte horror a tudo quanto seja culpa.

O vosso Coração está desapegado de tudo; eu, por vosso amor, renunciarei a todos os prazeres da terra.

O vosso Coração está completamente aceso, inflamado de amor para com vosso eterno Pai, mas Vós haveis de acender no meu coração este fogo de amor.

O vosso Coração ama a todas as almas e as quer salvar a todas... Eu também, Jesus, amo as almas, eu também as quero ver todas salvas. Aumentarei, pois, em meu coração este amor até morrer para salvá-las".

O vosso Coração dizia a Santa Margarida: "Minha filha, queres dar-me o teu coração para consolar o meu amor de sofrimento, que todos desprezam?"

Meu Senhor, eu vos respondo como Santa Margarida: "Jesus, eu sou vossa, inteiramente vossa, fazei de mim o que vos aprouver. Vós sabeis, no entanto, que as vítimas devem ser inocentes, e eu não passo de uma pecadora. Contudo, Jesus meu, quer eu viva, quer eu morra, desejaria ser vítima do vosso Coração sentindo amargo tudo o que não é do vosso agrado, vítima de vossa santa alma, por todas as angústias que a minha pode suportar... vítima do vosso corpo, pelo desapego de tudo o que pode agradar ao meu e pelo ódio implacável à carne criminosa.

Ó Coração de meu Jesus, se eu tivesse mil amores, mil vidas, todas vo-las imolaria. Quisera ter mil corpos para sofrer e mil corações para amar-vos e adorar-vos. Ó Jesus querido, fazei-me digna, a fim de que possa realizar os desígnios de vossa santíssima vontade. Coração de meu Jesus, outra coisa não vos sei dizer. Vinde, vinde, portanto, descei ao meu coração para fazer-me digna de vossa *Grande Promessa*".

6. DEPOIS DA SANTA COMUNHÃO

Viestes finalmente, ó meu Jesus, e descestes ao meu coração. O vosso Coração, portanto, e o meu não são mais que um só coração.

Ó meu amor, ó excesso de amor, ó Coração infinitamente amável, santo e perfeito, eu vos amo de todo o meu coração, com toda a minha alma e com todas as minhas forças! Obrigado, mil vezes obrigado, ó meu Jesus! Eu não possuo senão um coração, mas esse coração será de hoje em diante sempre vosso, com todas as suas pulsações, com todos os seus afetos. Não possuo senão uma alma, mas essa alma eu a ofereço a Vós com todas as suas potências, a saber: com sua memória, inteligência e vontade. Não possuo senão um corpo, mas esse corpo eu vo-lo consagro com todos os meus sentidos. Não quero ser senão vosso, não só hoje, mas para todo o sempre. Vós vos tendes dado todo a mim e eu me dou todo a Vós, querendo até fazer mais, pois eu me constituo vosso servo. Aceitai-me, bom Jesus, como vosso servo e prendei-me ao vosso Coração com as correntes do vosso amor e tratai-me na qualidade de humilde servo. Ó sim, vos peço, concedei-me esta graça. E se um dia, esquecido deste grande favor que acabastes de me fazer, chegue a ter a desgraça de desmerecer a Vossa Grande Promessa, lembrai-vos de que sou vosso servo e tratai-me com a dureza dos flagelos até que volte a Vós com as lágrimas de uma sincera penitência. Esta é a maior graça que vos peço, ó Coração do meu Jesus, porque conheço e declaro minhas culpas, a minha miséria, o meu nada. Mas, meu Jesus, como poderia eu ofender-vos outra vez, depois de ter tido a ventura de começar as nove sextas-feiras tão apreciadas por Vós? Será possível tamanha ingratidão da minha parte? Ó meu Jesus, Vós vedes a minha sinceridade, pois vos digo que eu vos amo, eu vos tenho jurado um amor e uma fidelidade eterna. A Vós eu consagrei o meu corpo, o meu coração, a minha alma, a Vós eu dou todo o meu ser, fazendo-me vosso servo. Mas, meu Jesus querido, é o meu amor que vos consagra, que me faz estremecer, sim, me faz estremecer pelo pensamento de que vos posso perder. Eu, porém, hei de contemplar o vosso Coração, o vosso lado; e desse Coração rasgado e desse lado aberto ouvirei as palavras consoladoras de esperança que um dia dirigistes a vossa amada filha Margarida: "Eis a chaga do meu lado que vos servirá de moradia por ora e para sempre. A abertura é estreita e é necessário ser pequeno e despido de tudo para poder introduzir-se nela. Tu, minha filha, entrega-te ao meu beneplácito e deixa-me executar os meus desígnios sem te preocupares com coisa alguma. Pensa se é possível perecer uma filha tão amada, estando presa aos braços do Onipotente".

Oh! Quanto conforto, quanta consolação não trazem ao meu coração essas santas palavras do vosso amor. Ó meu Jesus, eu vos respondo como Margarida: "Ó meu Jesus, Vós me bastais. Fazei em mim e por mim o que for de vossa maior glória, sem dar reparo às minhas satisfações e aos meus interesses. Para mim, basta que Vós estejais contente".

7. PROTESTOS DE AMOR

Jesus à minha alma: A ingratidão dos homens, minha filha, foi a causa do maior sofrimento da minha paixão. Se me retribuíssem de alguma forma o meu amor, eu pouco sentiria por tudo o que sofri por eles e, se fosse possível, mais sofreria. Tu, no mínimo, me darás a consolação de suprir a ingratidão deles ao menos quanto puderes.

Da alma a Jesus: Ó Coração inflamado do puro amor, altar da Caridade divina. Coração que ardeis de amor para com Deus e para comigo, eu vos adoro, vos amo, e quisera consumir-me de amor e de reconhecimento diante de Vós. Eu me associo às vossas disposições e quero a todo custo arder no fogo do vosso amor e viver de vossa vida, fazendo o propósito de antes morrer do que vos desagradar.

Ó Coração divino, eu me uno a Vós e em Vós me escondo. Não quero mais viver senão de Vós, por meio de Vós e por Vós. Assim, o meu ofício será só ficar em respeitoso silêncio, feito nada diante de Vós, como uma lâmpada ardente que se consome diante do Santíssimo Sacramento: Amar, sofrer, morrer...

8. ALMA DE CRISTO

Alma de Cristo, santificai-me.
Corpo de Cristo, salvai-me.
Sangue de Cristo, inebriai-me.
Água do lado de Cristo, lavai-me.
Paixão de Cristo, confortai-me.
Ó bom Jesus, ouvi-me.
Dentro das vossas chagas, escondei-me.

Não permitais que me separe de vós.
Do espírito maligno, defendei-me.
Na hora da minha morte, chamai-me.
E mandai-me ir para Vós.
Para que com os vossos Santos vos louve, por todos os séculos dos séculos. Amém.

9. PARA DIZER DIANTE DA IMAGEM DO CRUCIFICADO

Eis-me aqui, ó meu bom e dulcíssimo Jesus! Coloco-me reverente em vossa presença e vos suplico com todo o fervor de minha alma que vos digneis gravar no meu coração os mais vivos sentimentos de fé, esperança e caridade, verdadeiro arrependimento por meus pecados e firme propósito de emenda; enquanto vou considerando, com vivo afeto e dor, as vossas cinco chagas, tendo diante dos olhos aquilo que o profeta Davi já vos fazia dizer, ó Bom Jesus: "Transpassaram minhas mãos e meus pés, e contaram todos os meus ossos".

(Dize ainda cinco pai-nossos pelas intenções do Sumo Pontífice para ganhares a indulgência plenária.)

10. INVOCAÇÕES AO SAGRADO CORAÇÃO PARA IMPLORAR QUALQUER GRAÇA

1. Coração do meu Jesus, Vós vos destes todo a mim. Espero que também me concedais os vossos dons. *Glória ao Pai e ao Filho e ao Espírito Santo... Doce Coração do meu Jesus, fazei que vos ame cada vez mais.*

2. Coração de meu Jesus, Vós sois a fonte de todas as graças. Espero não me negares o que humildemente vos suplico. *Glória ao Pai e ao Filho e ao Espírito Santo... Doce Coração...*

3. Coração de meu Jesus, o abismo de vossa misericórdia vence infinitamente minha ingratidão. Confio, por isso, que não haveis de rejeitar o que vos peço. *Glória ao Pai e ao Filho e ao Espírito Santo... Doce Coração...*

4. Coração do meu Jesus, em Vós se encontra o remédio para todos os males. Atendei-me, pois, suplico-vos a necessidade que vos venho expor. *Glória ao Pai e ao Filho e ao Espírito Santo... Doce Coração...*

5. Coração do meu Jesus, Vós que vos queixastes muitas vezes a vossa serva Margarida Alacoque da negligência dos homens em vos pedir favores, ouvi-me, pois, suplico-vos, no que vos peço. *Glória ao Pai e ao Filho e ao Espírito Santo... Doce Coração...*

6. Coração de meu Jesus, Vós fizestes grandes promessas aos que recorressem a Vós. Fazei, pois, que eu, ainda que indigno, lhe sinta os efeitos. *Glória ao Pai e ao Filho e ao Espírito Santo... Doce Coração...*

V) Coração de Jesus, abrasado de amor por nós...
R) Inflamai o nosso coração de amor por Vós.

Oração — Deus onipotente, rogamo-vos, concedei que nós, gloriando-nos no Santíssimo Coração de vosso amado Filho e rememorando os grandes benefícios do seu amor, possamos participar dos frutos desse amor, pelo mesmo Jesus Cristo, Senhor Nosso, que é Deus convosco e vive e reina na unidade do Espírito Santo, por todos os séculos dos séculos. Amém.

11. CONSAGRAÇÃO DO GÊNERO HUMANO AO SAGRADO CORAÇÃO DE JESUS

Amado Jesus, Redentor do gênero humano, lançai sobre nós o vosso olhar de ternura e misericórdia. Nós somos e queremos ser vossos. Que possamos viver mais intimamente unidos a Vós! Por isso cada um de nós se consagra, neste dia, ao vosso Sacratíssimo Coração.

Bom Jesus, muitos ainda não vos conhecem, outros desprezam os vossos mandamentos. Amado Jesus tende piedade de todos e trazei-os ao vosso Sagrado Coração.

Bom Jesus sede rei dos que estão iludidos e separados de vós. Trazei-os à verdade e à unidade da fé para que em breve haja um só rebanho e um só Pastor.

Senhor conservai firme a vossa Igreja. Dai-lhe uma liberdade segura. Concedei paz a todos os povos, fazei que no mundo inteiro ressoe uma só voz: "Louvado seja o vosso Sagrado Coração!"; honra e glória a Ele por todos os séculos. Amém! Jesus, Cristo Rei, misericórdia! Amado Jesus sede para mim o meu Salvador!

12. A ALMA DEVOTA DIANTE DO CORAÇÃO DE JESUS

"Vinde a mim, vós todos que estais oprimidos de trabalhos e sobrecarregados, e eu vos aliviarei" (Mt 11,28). Quão doces e consoladoras são essas palavras! Eu ouço que Jesus as repete enquanto estou prostrada diante de sua divina imagem, contemplando seu Coração, transpassado, ardendo de santo amor. Eu ouço que Ele me diz: Vem, ó sim, vem alma débil, órfã, abandonada e atirada de encontro aos escolhos do mar tempestuoso deste mundo. Tu que sentes o peso das fadigas, que almejas pelo descanso, vem, vem depressa ao meu coração. Ele está aberto para ti, será conforto para ti em todas as dificuldades. E quem pode, ó Jesus, resistir aos encantos do vosso amor? Quem não correrá ao vosso convite?

Quanto a mim, eu me prostro diante de Vós, ó Coração divino; diante de Vós, que sois a fonte da vida, eu venho desabafar o que me vai n'alma, venho procurar aí a paz que não posso encontrar em outro lugar. Ofereço-vos, pois, um coração que deseja ser vosso para sempre. Mas como poderei aproximar-me deste vosso Coração, como poderei entrar nesse Santuário da Divindade, eu, tão imunda, tão pecadora? Não deverei antes temer ser repelida?... Oh! Não temas, alma minha, pois aquele Coração está aberto para todos; entra, portanto, sem receios, que o justo aí encontra um descanso suave, e nele se reacendem novas chamas de amor. A alma pecadora encontra aí a paz e fica ciente de quanto é doce o Senhor. Naquele lugar, o mundo, os prazeres, tudo desaparece da alma, e um salutar arrependimento toma o espaço dos terríveis remorsos de uma vida de pecado. É naquele lugar que as almas aflitas recebem o conforto, é de lá que aparece a luz nas dúvidas, a força contra os ataques de inimigos, a alegria na dor. Consola-te, alma minha, que Jesus está disposto a perdoar-te e encher-te de graças, nada mais exigindo de ti que um pouco de amor. Amor! Quão doce é esta palavra: amor! Ó meu Jesus, poderei eu deixar de vos amar, agora que conheço que sois o único bem que merece amor?

Oh! Eu vos amo, meu Bem, eu vos amo sobre todas as coisas. Bastam os desvarios que cometi, dirigindo para as criaturas as minhas afeições. Esperava eu, então, satisfazer as exigências do meu coração, amando as criaturas, mas foi em vão. Vós me fizestes para Vós, ó Deus, e nós não podemos achar a paz, a satisfação, senão em Vós.

Agora, porém, que vos achei, meu Jesus, tomai posse do meu coração e não desprezeis o humilde oferecimento que dele vos faço. Dirigi, sim, os vossos olhares complacentes de pai sobre ele e alimentai-o com amor. Meu Jesus, minha vida será toda para Vós. Vosso Coração será meu refúgio e a ele serão sempre dirigidos os meus afetos. No entanto, Jesus, eu sou tão fraca, as tentações me assaltam furiosamente, e meu coração, padecendo as amarguras de uma vida de sofrimento, está prestes a cair no desalento. Meu Jesus, dai-me forças, dai-me ânimo.

O vosso coração coroado de espinhos, transpassado por lança cruel, seja a arca da minha salvação, onde eu possa recolher-me nas tempestades; seja a minha força nos incômodos inevitáveis, pelos quais é cercado o vosso coração; aqueça também o meu e atice nele a chama do vosso amor. Dessa forma, eu não viverei senão em Vós e Vós sereis a vida do meu pobre coração.

13. TRÍDUO AO SACRATÍSSIMO CORAÇÃO DE JESUS
(Para obter graças especiais)

I. Ó Coração adorável de Jesus, doce vida minha, eu recorro a Vós nas necessidades em que me encontro e confio ao vosso poder, à vossa sabedoria e à vossa bondade todas as angústias do meu coração, dizendo mil vezes: Ó Coração Sacratíssimo, fonte de amor, pensai Vós nas minhas necessidades.

Em Vós, Coração de Jesus, espero, para não ser confundido eternamente.

Glória ao Pai e ao Filho e ao Espírito Santo... Doce Coração de Jesus, fazei que vos ame cada vez mais.

II. Ó Coração amantíssimo de Jesus, oceano de misericórdia, a Vós recorro nas minhas presentes necessidades e com plena confiança entrego ao vosso poder, à vossa sabedoria e à vossa bondade os males que me oprimem, repetindo mil vezes: Coração terníssimo, único tesouro meu, pensai Vós nas minhas necessidades.

Em Vós, Coração..., Glória ao Pai... Doce Coração...

III. Coração amantíssimo de Jesus, delícia dos que vos invocam, na impotência em que me encontro, eu recorro a Vós, doce conforto dos infelizes, e confio à vossa proteção, à vossa sabedoria e à vossa bondade todos os meus sofrimentos, repetindo mil vezes: Ó Coração generosíssimo, único descanso dos que em Vós esperam, pensai Vós nas minhas necessidades.

Em Vós, Coração..., Glória ao Pai... Doce Coração...

Ó Maria querida, mãe minha, canal por onde passam todas as graças, uma só palavra vossa pode salvar-me dos males e angústias que me oprimem. A Vós, pois, também repito: Pensai nas minhas presentes necessidades e alcançai-me graça perante o Coração de Jesus, o vosso Filho amado.

Rezar três ave-marias. Em seguida rezar: Virgem Poderosa, rogai por nós.

Querido São José, dirigi também vós um olhar à triste condição em que me vejo, enquanto eu, confiado no vosso paternal amor e no vosso poder, cheio de confiança vou repetindo: Ó amigo íntimo do Coração de Jesus, pensai Vós nas minhas presentes necessidades.

Rezar três Glória ao Pai. Em seguida rezar: Íntimo amigo do Coração de Jesus, rogai por nós.

14. LADAINHA DO CORAÇÃO DE JESUS

Senhor, tende piedade de nós.
Jesus Cristo, tende piedade de nós.
Senhor, tende piedade de nós.
Jesus Cristo, ouvi-nos.
Jesus Cristo, atendei-nos.

Deus, Pai dos céus, tende piedade de nós.
Deus, Filho, Redentor do mundo.
Deus, Espírito Santo.
Santíssima Trindade, que sois um só Deus.
Coração de Jesus, Filho do Pai Eterno.
Coração de Jesus, formado pelo Espírito Santo no seio da Virgem Maria.
Coração de Jesus, unido substancialmente ao Verbo de Deus.
Coração de Jesus, de majestade infinita.
Coração de Jesus, templo santo de Deus.
Coração de Jesus, tabernáculo do Altíssimo.
Coração de Jesus, casa de Deus e porta do céu.
Coração de Jesus, fornalha ardente de caridade.
Coração de Jesus, receptáculo da justiça e do amor.
Coração de Jesus, cheio de bondade e de amor.
Coração de Jesus, abismo de todas as virtudes.
Coração de Jesus, digníssimo de todo o louvor.
Coração de Jesus, rei e centro de todos os corações.
Coração de Jesus, no qual estão os tesouros da sabedoria e da ciência.
Coração de Jesus, no qual habita toda a plenitude da divindade.
Coração de Jesus, no qual o Pai pôs as suas complacências.

Coração de Jesus, de cuja plenitude todos nós recebemos.
Coração de Jesus, desejo das colinas eternas.
Coração de Jesus, paciente e de muita misericórdia.
Coração de Jesus, rico para todos os que Vos invocam.
Coração de Jesus, fonte de vida e de santidade.
Coração de Jesus, propiciação pelos nossos pecados.
Coração de Jesus, saturado de opróbrios.
Coração de Jesus, esmagado pelos nossos pecados.
Coração de Jesus, feito obediente até a morte.
Coração de Jesus, atravessado pela lança.
Coração de Jesus, fonte de toda a consolação.
Coração de Jesus, nossa vida e ressurreição.
Coração de Jesus, nossa paz e reconciliação.
Coração de Jesus, vítima dos pecadores.
Coração de Jesus, salvação dos que esperam em Vós.
Coração de Jesus, esperança dos que morrem em Vós.
Coração de Jesus, delícia de todos os Santos.
Cordeiro de Deus, que tirais o pecado do mundo, perdoai-nos, Senhor!
Cordeiro de Deus, que tirais o pecado do mundo, ouvi-nos, Senhor!
Cordeiro de Deus, que tirais o pecado do mundo, tende piedade de nós, Senhor!
V. Jesus, manso e humilde de Coração…
R. Fazei o nosso coração semelhante ao vosso.

Oração — Ó Deus onipotente, olhai para o Coração do vosso Filho diletíssimo e para os louvores e satisfações que Ele vos tributa em nome dos pecadores, e aos que imploram a vossa misericórdia concedei benigno o perdão em nome do mesmo vosso Filho, Jesus Cristo, que convosco vive e reina em unidade do Espírito Santo, por todos os séculos. Amém.

15. NOBRE PROTESTO

Ó Coração adorável do meu Jesus, eu sinto viva dor em ver que as manifestações do vosso amor são acolhidas com tamanho desprezo e indiferença por tão grande número de pessoas. E o que mais me enche de vergonha e de arrependimento é ter sido eu também uma delas. Em reparação, portanto, por tamanhas injúrias, eu vos ofereço, ó Coração divino, o amor de todas as almas justas, os ardores dos Anjos e dos Santos do céu e especialmente os sentimentos de Maria e São José. Permiti, amável Jesus, que junto com esse precioso oferecimento, eu vos ofereça também todos os afetos e bons desejos de meu coração e dignai-vos de os aceitar. Amém.

16. COM JESUS E MARIA

Jesus, meu doce Salvador, e Maria, querida mãe minha, rogo-vos pelo amor de vossos santíssimos e amantíssimos Corações que aceiteis o pacto que neste dia desejo fazer convosco: que em cada respiração minha eu tenha o desejo de fazer, com o maior afeto, tantos atos de amor para convosco quantas são as estrelas do firmamento, as moléculas de ar, as areias do mar, as partículas da terra, as folhas, as flores, as frutas dos bosques, as gotas de água dos rios e do mar, os pensamentos, as palavras e as ações dos homens que já existiram, que existem e que existirão e poderiam existir por toda a eternidade. E esses atos de ardentíssimo amor de Jesus e Maria eu os reúno com todos os que se fizeram desde o início do mundo e com os que se farão até o fim, uno-os, finalmente, com os que farão por toda a eternidade os vossos dulcíssimos Corações e todos os Anjos e Santos do céu. E todos esses atos tenho a intenção e o desejo de renová-los e multiplicá-los no decurso deste dia, cada vez que eu for recitando alguma jaculatória.

17. EIS O CORAÇÃO QUE TANTO AMOU OS HOMENS

Assim falava, um dia, Jesus à sua fiel serva Margarida Maria Alacoque, para acrescentar tristemente: "Mas, em paga, eu não recebo da maior parte dos homens senão ingratidão". Depois de quase quatro séculos, o Coração amoroso de Jesus vai repetindo a sua piedosa queixa, porque, ainda hoje, são poucos os homens que O amam como Ele deseja ser amado.

Por que essa contínua ingratidão da parte do ser humano para com este Coração adorável, que não deseja outra coisa senão um pouco de amor? Eis o motivo: é porque o amor do Coração de Jesus não é conhecido! Jesus revelou seu amor em 12 Promessas, mas estas ou não são absolutamente conhecidas pelo povo cristão ou o são de um modo muito imperfeito.

Alma cristã, dize-me tu também quantas vezes não viste impressas estas 12 Promessas do Coração de Jesus nas santas imagens ou nos livros piedosos. Contudo, responde-me com franqueza, leste-as com atenção, meditaste sobre elas? Pelo amor do Coração de Jesus e pelo teu bem, expulsa de tua mente todos os pensamentos inúteis, por alguns instantes ao menos, e lê descansadamente e com atenção, mais uma vez, as 12 Promessas do Coração de Jesus. Asseguro-te que te parecerão novas, o teu coração se há de alegrar e, tendo chegado à última, dos teus olhos rebentarão lágrimas quentes de prazer e de reconhecimento.

É que Jesus quer que experimentes antecipadamente as delícias do céu. Medita, pois…

18. AS DOZE PROMESSAS DO SAGRADO CORAÇÃO DE JESUS

1. *Darei aos meus devotos as graças necessárias para cumprirem os deveres de seu estado.*
   "Sem mim, disse Jesus, nada podeis fazer" (Jo 15,5).
2. *Farei reinar a paz em suas famílias.*
   "Eu vos deixo a minha paz, eu vos dou a minha paz" (Jo 14,27).
3. *Eu os consolarei em todas as suas aflições.*
   "Vinde a mim os que padeceis e andais angustiados, e eu vos aliviarei" (Mt 11,28).
4. *Serei o seu refúgio seguro durante a vida e, sobretudo, na hora da morte.*
   "Não vos deixarei órfão" (Jo 14,18).
   "Tomar-vos-ei comigo, para que onde eu estou vós estejais também" (Jo 14,3).
5. *Derramarei abundantes bênçãos sobre os seus empreendimentos.*
   "Poderoso é também para cumprir o que prometeu" (Rm 4,21).
6. *Os pecadores acharão, em meu Coração, a fonte e o oceano infinito de misericórdia.*
   "Quero a misericórdia e não sacrifícios; porque eu não vim chamar os justos, mas os pecadores" (Mt 9,13).

7. *As almas tíbias vão se tornar fervorosas.*
   "Vim para que tenham a vida, e a tenham em abundância" (Jo 10,10).
8. *As almas fervorosas vão se elevar rapidamente a uma grande perfeição.*
   "Sede perfeitos como é perfeito o vosso Pai do céu" (Mt 5,48).
9. *Abençoarei a casa em que se achar exposta e for venerada a imagem do meu Coração.*
   "Hoje entrou a salvação nesta casa" (Lc 19,9).
10. *Darei aos sacerdotes o dom de tocar os corações mais endurecidos.*
    "Muito lhe foi perdoado porque muito amou" (Lc 7,47).
11. *As pessoas que propagarem esta devoção terão seus nomes escritos para sempre no meu Coração e jamais serão apagados.*
    "Eu não apagarei o seu nome do livro da vida e o confessarei diante de Meu Pai e dos seus anjos" (Ap 3,5).
12. *O amor todo-poderoso do meu Coração concederá a graça da perseverança final a todos os que comungarem na 1ª sexta-feira do mês, por nove meses seguidos.*

19. O CORAÇÃO DE JESUS NÃO ESTÁ CONTENTE AINDA

É verdade, o Coração de Jesus não está contente ainda, porque ele te ama tanto e deseja ver realizada em ti a penúltima promessa, a saber: "As pessoas que propagarem esta devoção terão seus nomes escritos para sempre no meu Coração e jamais serão apagados". Numa palavra, Jesus, no excesso de seu amor, quer te constituir apóstolo das suas promessas e, de modo particular, da Grande Promessa. Mas como? De que modo? Oh! De modo muito fácil! Todos podemos ser apóstolos da Grande Promessa do Coração de Jesus. É só querê-lo seriamente; e, para querê-lo, é só pensar um instante que para salvar a nossa alma Jesus se dignou descer até nós, fazendo-se homem por nosso amor, sofrendo e morrendo num lenho infame depois de derramar seu preciosíssimo sangue até à última gota. Que mais devia ele fazer para nos manifestar o seu amor?

Oh! Desconhece limites o amor de um Deus! Pois tão vivo, tão intenso é o desejo de seu Coração de nos salvar a todos que, no *excesso de seu amor, quis abrir a todos a porta do céu com a revelação da Grande Promessa*. Com esta Grande Promessa, queria o Coração de Jesus fechar as portas do inferno, para nos abrir as do céu. E como é então que o mundo é sempre o mesmo? *É porque esta Grande Promessa é pouco conhecida e porque faltam os apóstolos que a difundam por entre o povo*. Se nas vilas, nos povoados e nos campos, por toda a parte, enfim, houvesse um apóstolo da Grande Promessa do Coração de Jesus que a espalhasse e a tornasse conhecida, em pouco tempo o mundo mudaria de aspecto e todos teriam garantida a salvação da própria alma.

Tu, cristão, que lês estas palavras, sejas quem fores, homem ou mulher, sacerdote ou leigo, jovem ou velho, rico ou pobre, *se queres, podes tornar-te apóstolo da Grande Promessa do Coração de Jesus*, ainda que habites num grande centro ou na mais miserável paróquia do interior do país. E como deverás fazê-lo? Muito simples: presentear com este livrinho parentes, amigos, conhecidos e a todos, enfim, e ao Coração de Jesus confiar o bom êxito.

20. MEIO INFALÍVEL PARA OBTER QUALQUER GRAÇA DO CORAÇÃO DE JESUS

Um pio Capuchinho, em maio do ano de 1926, me escrevia: "Fazia tempo que eu pedia uma graça ao Coração de Jesus, mas em vão. Chegou-me às mãos o seu livrinho *A Grande Promessa* e me impressionou o capítulo: 'O Coração de Jesus não está contente ainda'. Então, com toda a fé, eu disse a Jesus: 'Coração do meu Jesus, se Vós me concederdes a graça que sabeis, faço voto, com a licença dos superiores, de comprar 100 *Grandes Promessas* para distribuí-las grátis'. No mesmo dia em que tinha feito a promessa, e de modo singular e inesperado, obtive a graça desejada. Hoje cumpro o meu voto e, por isso, lhe mando a importância das 100 *Grandes Promessas*".

Declaramos e também aconselhamos a muitos que este meio singular achado pelo piedoso Capuchinho produz o seu efeito, pois todos os que fizeram uso desse meio obtiveram as graças desejadas. Nem pode ser de outra forma, porque o que deseja o Coração de Jesus é ser amado pelos homens; por isso, prometer-lhe distribuir de graça certo número de *A Grande Promessa* não pode deixar de agradar ao Seu Coração, visto ser este um dos meios eficazes para tornar conhecido e amado o Coração Santíssimo de Jesus.

Quem, pois, desejar alcançar graças do Coração de Jesus lance mão desse meio, e pode estar certo de que, se o que pede for para o bem de sua alma, dentro de pouco tempo há de ser atendido. Quanto à oração para dirigir-se ao Sagrado Coração de Jesus, não achamos melhor que a supracitada do piedoso Capuchinho, isto é:

"Coração do meu Jesus, se Vós me concederdes a graça que sabeis, prometo comprar tantas Grandes Promessas (e aqui se

diga o número) *para distribuí-las grátis. Sim, farei isso, Coração de Jesus, se me concederdes a graça que desejo".*

Pai-nosso, ave-maria e glória ao Pai.

21. NOVENA EFICAZ AO SAGRADO CORAÇÃO DE JESUS

(Esta novena poderá ser rezada nos dias que antecedem a solenidade do Sagrado Coração de Jesus, ou a cada primeira sexta-feira do mês.)

Ó Divino Jesus, que dissestes: pedi e recebereis; procurai e achareis; batei e se vos abrirá; eis-me prostrado aos vossos pés, cheio de viva fé e confiança nessas sagradas promessas ditadas pelo vosso Sacratíssimo Coração e pronunciadas pelos vossos lábios adoráveis. Venho pedir-vos… (aqui se faz o pedido).

A quem pedirei, ó doce Jesus, senão a vós, cujo coração é inesgotável manancial de todas as graças e merecimentos? Onde o procurarei a não ser no tesouro que contém todas as riquezas de vossa clemência e bondade? Onde baterei a não ser à porta do vosso Sagrado Coração, pelo qual o próprio Deus vem a nós e nós vamos a ele?

A vós, pois, recorro, ó Coração de Jesus. Em vós encontro consolação quando aflito, proteção quando perseguido, força quando oprimido de tristeza, e luz, quando envolto nas trevas da dúvida.

Creio firmemente que podeis conceder-me as graças que vos imploro ainda que fosse por milagre.

Sim, ó meu Jesus, se quiserdes, minha súplica será atendida. Confesso que não sou digno de vossos favores, mas isso não é razão para eu desanimar. Vós sois o Deus de misericórdia e nada sabereis recusar a um coração humilde e contrito.

Lançai-me um olhar de piedade, eu vos peço. Vosso compassivo coração achará nas minhas misérias e fraquezas um motivo imperioso para atender a minha petição. Mas, ó Sacratíssimo Coração de Jesus, seja qual for a vossa decisão no tocante ao meu pedido, nunca vos deixarei de amar, adorar, louvar e servir. Dignai-vos, ó meu Jesus, receber esse meu ato de perfeita submissão aos decretos no vosso adorável Coração, que sinceramente deseja ser satisfeito, tanto por mim como por todas as criaturas, agora e por todo o sempre. Amém.

22. ENTRONIZAÇÃO

A consagração das famílias ao Sagrado Coração é o meio mais eficaz para atrair seus membros à prática da religião e também para que haja harmonia entre eles. O segredo disso está na 9ª promessa que Jesus fez a Santa Margarida, a saber: *"Abençoarei a casa em que se achar exposta e for venerada a imagem do meu Coração"*. E esta, a 2ª, não é menos consoladora: *"Farei reinar a paz em suas famílias"*.

A bênção se estenderá igualmente a todas as suas empresas. Diz a 5ª promessa: *"Derramarei abundantes bênçãos sobre os seus empreendimentos"*. Diante dessas promessas de quem é fiel em cumpri-las, diante dessas vantagens, haverá um só pai, uma só mãe de família que duvide ainda em eleger a Jesus como Rei do seu lar? Não é de crer.

É por isso que descreveremos, a seguir, o cerimonial a ser observado na entronização do Sagrado Coração de Jesus.

Lembramos igualmente às famílias que convém festejar o aniversário da entronização com uma comunhão geral e com a renovação do ato de consagração. Com isso, vamos ao cerimonial.

Cerimonial

No dia marcado com antecedência, à hora determinada, e presente, sendo possível, um sacerdote, reúne-se a família, no local onde a imagem deve ser benzida. O sacerdote explica brevemente o que é a consagração da família ao Sagrado Coração e as novas obrigações que então se assumem.

Bênção da imagem ou do quadro

V) A nossa proteção está no nome do Senhor.
R) Que fez o céu e a terra.

V) O Senhor esteja convosco.
R) Ele está no meio de nós.

Oremos — Deus eterno e Todo-Poderoso, não reprovais a escultura ou a pintura de imagens dos santos, para que à sua vista possamos meditar os seus exemplos e imitar as suas virtudes. Nós vos pedimos que abençoeis e santifiqueis esta imagem feita para recordar e honrar o Sacratíssimo Coração de vosso Filho, Nosso Senhor Jesus Cristo. Concedei a todos os que diante dela desejarem venerar e glorificar o Coração de Jesus, que, por seus merecimentos e intercessão, alcancem no presente a vossa graça e, no futuro, a glória eterna. Por Cristo, Nosso Senhor.

R) Amém.

O sacerdote asperge a imagem com água benta e todos os presentes recitam em voz alta o Creio.

Se um sacerdote não puder participar da Entronização, a bênção da imagem deverá ser feita antes.

Entronização

Uma pessoa da família toma então a imagem do divino Coração, coloca-a no lugar preparado e vem ajoelhar-se com os demais para o

Ato de consagração

Sagrado Coração de Jesus, que manifestastes a Santa Margarida Maria o desejo de reinar sobre as famílias cristãs, sobre a nossa família queremos hoje proclamar aqui vossa realeza absoluta. Queremos viver, de hoje em diante, da vossa vida; queremos que floresçam entre nós as virtudes que prometestes. Queremos afastar de nós o espírito mundano, que vós reprovastes. Dignai-vos, Coração Divino, presidir os nossos encontros, abençoar as nossas atividades espirituais e temporais, afastar de nós as angústias, santificar as nossas alegrias e aliviar as nossas dores.

E, quando chegar a hora da morte de um de nós, que todos estejamos confiantes em vosso Coração. Nós nos consolaremos com a lembrança de que chegará um dia em que toda a família, reunida no céu, possa cantar, para sempre, as vossas maravilhas. Amém.

Digne-se o Coração Imaculado de Maria e digne-se o glorioso Patriarca São José fazer-vos presente esta consagração e trazê-la à nossa memória todos os dias da nossa vida.

Últimas orações

O sacerdote reza então:

OREMOS

Ó Deus, que no Coração de vosso Filho, ferido por nossos pecados, nos concedestes infinitos tesouros de amor, fazei que lhe ofereçamos uma justa reparação, consagrando-lhe toda a nossa vida. Por Cristo, Nosso Senhor.
R) Amém.

Se for entronizada também a imagem do Coração de Maria, pode-se rezar o seguinte ato de consagração:

ATO DE CONSAGRAÇÃO AO IMACULADO CORAÇÃO DE MARIA

Santíssima Virgem Maria, Mãe da Igreja e da família cristã, Rainha do Céu e refúgio dos pecadores, nós nos consagramos ao vosso Coração Imaculado. E, para que esta consagração seja verdadeira e sincera, nós renovamos hoje, diante de Vós, as promessas do nosso Batismo.

Nós nos comprometemos a professar corajosamente a nossa Fé, e viver como católicos em comunhão com o nosso papa e nossos bispos, obedientes à Santíssima Trindade. Enfim, nós vos prometemos colocar nossos corações a serviço de vosso culto, para fazer crescer, pelo Reino de vosso Imaculado Coração, o Reino do Coração de vosso Filho. Amém!
Salve-Rainha.

JACULATÓRIAS

Sagrado Coração de Jesus, tende piedade de nós!
Coração Imaculado de Maria, rogai por nós!

Bondoso Coração de São José, rogai por nós!
Santa Margarida Maria, rogai por nós!
São Cláudio, rogai por nós!

BÊNÇÃO FINAL

A bênção de Deus todo-poderoso, Pai, Filho † e Espírito Santo, desça sobre vós e permaneça para sempre.
R) Amém!

Pode-se concluir com algum canto em honra ao Coração de Jesus ou a Nossa Senhora.